CONTEÚDO DIGITAL PARA ALUNOS
Cadastre-se e transforme seus estudos em uma experiência única de aprendizado:

1 Entre na página de cadastro: **www.editoradobrasil.com.br/sistemas/cadastro**

2 Além dos seus dados pessoais e de sua escola, adicione ao cadastro o código do aluno, que garantirá a exclusividade do seu ingresso a plataforma.

2813592A3619074

3 Depois, acesse: **www.editoradobrasil.com.br/leb** e navegue pelos conteúdos digitais de sua coleção **:D**

Lembre-se de que esse código, pessoal e intransferível, é valido por um ano. Guarde-o com cuidado, pois é a única maneira de você utilizar os conteúdos da plataforma.

Editora do Brasil

FÉ NA VIDA
ética e cidadania

Mailza de Fátima Barbosa
Marília Moraes Ormeneze Silva
Moacir Alves de Faria

Educação Infantil

4ª edição
São Paulo, 2022

Dados Internacionais de Catalogação na Publicação (CIP)
(Câmara Brasileira do Livro, SP, Brasil)

Barbosa, Mailza de Fátima
 Fé na vida : ética e cidadania : educação infantil 2 / Mailza de Fátima Barbosa, Marília Moraes Ormeneze Silva, Moacir Alves de Faria. -- 4. ed. -- São Paulo : Editora do Brasil, 2022. -- (Fé na vida)

 ISBN 978-85-10-08796-4 (aluno)
 ISBN 978-85-10-08797-1 (professor)

 1. Cidadania (Educação infantil) 2. Ética (Educação infantil) I. Silva, Marília Moraes Ormeneze. II. Faria, Moacir Alves de. III. Título. IV. Série.

21-92043   CDD-372.21

Índices para catálogo sistemático:
1. Ética e cidadania : Educação infantil 372.21
Cibele Maria Dias - Bibliotecária - CRB-8/9427

4 edição / 2 impressão, 2022
Impresso na Colorsystem

Rua Conselheiro Nébias, 887
São Paulo/SP – CEP 01203-001
Fone: +55 11 3226-0211
www.editoradobrasil.com.br

© Editora do Brasil S.A., 2022
Todos os direitos reservados

Direção-geral: Vicente Tortamano Avanso
Direção editorial: Felipe Ramos Poletti
Gerência editorial de conteúdo didático: Erika Caldin
Gerência editorial de produção e design: Ulisses Pires
Supervisão de artes: Andrea Melo
Supervisão de editoração: Abdonildo José de Lima Santos
Supervisão de revisão: Elaine Cristina da Silva
Supervisão de iconografia: Léo Burgos
Supervisão de digital: Priscila Hernandez
Supervisão de controle de processos editoriais: Roseli Said
Supervisão de direitos autorais: Marilisa Bertolone Mendes

Supervisão editorial: Carla Felix Lopes
Edição: Mariana Muller Cascadan
Assistência editorial: Beatriz Pineiro Villanueva
Auxílio editorial: Marcos Vasconcelos
Revisão: Amanda Cabral, Andréia Andrade, Fernanda Sanchez, Gabriel Ornelas, Jonathan Busato, Mariana Paixão, Martin Gonçalves, Rita Costa, Rosani Andreani, Sandra Fernandes e Veridiana Cunha
Pesquisa iconográfica: Elena Molinari e Renata Martins
Design gráfico: Salvador Studio
Capa: Estúdio Siamo
Imagem de capa: Rawpixel/iStockphoto.com
Edição de arte: Talita Lima
Assistência de arte: Daniel Souza
Ilustrações: Alexandre Matos, Dayane Cabral Raven, Eduardo Belmiro, Estudio Ornitorrinco, Ilustra Cartoon, Marcos Machado e Reinaldo Rosa
Editoração eletrônica: Bruna Souza, Marcos Gubiotti e Ricardo Brito
Licenciamentos de textos: Cinthya Utiyama, Jennifer Xavier, Paula Harue Tozaki e Renata Garbellini
Controle de processos editoriais: Bruna Alves, Julia do Nascimento, Rita Poliane, Terezinha de Fátima Oliveira e Valeria Alves

QUERIDA CRIANÇA!

UM ANO NOVO E BRILHANTE COMEÇA. ESTAMOS MUITO FELIZES POR ESTAR COM VOCÊ NESTA INCRÍVEL JORNADA DA APRENDIZAGEM.

JUNTOS, FAREMOS DESTE ANO ESCOLAR UM PERÍODO DE CRESCIMENTO E MUITAS CONQUISTAS.

UM GRANDE ABRAÇO,
MAILZA, MARÍLIA E MOACIR

CURRÍCULO DOS AUTORES

MAILZA DE FÁTIMA BARBOSA
- PÓS-GRADUADA EM PSICOPEDAGOGIA
- LICENCIADA EM PEDAGOGIA, COM HABILITAÇÃO EM ORIENTAÇÃO EDUCACIONAL
- COORDENADORA PEDAGÓGICA NA REDE PARTICULAR DE ENSINO
- PROFESSORA DE EDUCAÇÃO INFANTIL NA REDE MUNICIPAL DE ENSINO
- AUTORA DE LIVROS DE LITERATURA INFANTIL
- GANHADORA DO PRÊMIO PROFESSOR NOTA 10, EDIÇÃO 2015, CONCEDIDO PELA CÂMARA DE VEREADORES DE BALNEÁRIO CAMBORIÚ (SC)
- AUTORA DO SITE MAILZAINDICA.COM

MARÍLIA MORAES ORMENEZE SILVA
- PÓS-GRADUADA EM EDUCAÇÃO INFANTIL E SÉRIES INICIAIS
- PÓS-GRADUADA EM PSICOPEDAGOGIA
- LICENCIADA EM PEDAGOGIA
- PROFESSORA DE MAGISTÉRIO NA REDE PARTICULAR DE ENSINO
- ORIENTADORA EDUCACIONAL NA REDE PARTICULAR DE ENSINO
- MENTORA DE PROJETOS DE PESQUISA NA ÁREA DE DESENVOLVIMENTO E COMPORTAMENTO DO ADOLESCENTE
- EXPERIÊNCIA COMO PROFESSORA DE EDUCAÇÃO INFANTIL, DE ENSINO FUNDAMENTAL I E DE ENSINO SUPERIOR (GRADUAÇÃO EM PEDAGOGIA)
- EXPERIÊNCIA COMO DIRETORA PEDAGÓGICA NA REDE PARTICULAR DE ENSINO

MOACIR ALVES DE FARIA
- MESTRE EM EDUCAÇÃO ESCOLAR
- PÓS-GRADUADO EM PSICOPEDAGOGIA
- LICENCIADO EM PEDAGOGIA
- DIRETOR DE ESCOLA DE EDUCAÇÃO BÁSICA NA REDE PARTICULAR DE ENSINO
- COORDENADOR DE ENSINO SUPERIOR NO CURSO DE PEDAGOGIA

SUMÁRIO

DIREITOS NATURAIS DAS CRIANÇAS 6

MOMENTO 1 — FAMÍLIA: UM TESOURO PRECIOSO 8

   1ª VIVÊNCIA — APRENDENDO COM A FAMÍLIA 10

   2ª VIVÊNCIA — AS PRIMEIRAS REGRAS..15

   3ª VIVÊNCIA — PALAVRINHAS MÁGICAS...20

   4ª VIVÊNCIA — DIVERSÃO EM FAMÍLIA..23

   5ª VIVÊNCIA — CUIDANDO DO MUNDO EM FAMÍLIA 28

MOMENTO 2 — CONVIVENDO EM GRUPO 34

   6ª VIVÊNCIA — CONVIVENDO COM O OUTRO...36

   7ª VIVÊNCIA — REGRAS DE CONVIVÊNCIA...42

   8ª VIVÊNCIA — A ALEGRIA DE CONVIVER EM GRUPOS..........................46

MOMENTO 3 — O MUNDO É DE TODOS 52

   9ª VIVÊNCIA — LUGARES QUE PERTENCEM A TODOS............................54

   10ª VIVÊNCIA — AJUDANDO A CUIDAR DO QUE É NOSSO 58

   11ª VIVÊNCIA — RESPEITO AO ESPAÇO PÚBLICO E ÀS PESSOAS QUE NELE CONVIVEM...62

MOMENTO 4 — SOMOS PARTE DA NATUREZA 70

   12ª VIVÊNCIA — O SER HUMANO É ESPECIAL 72

   13ª VIVÊNCIA — OS SERES HUMANOS E OS ANIMAIS 77

   14ª VIVÊNCIA — OS SERES HUMANOS E AS PLANTAS............................83

   15ª VIVÊNCIA — A ÁGUA..90

DATAS COMEMORATIVAS 97

PÁGINAS AZUIS 105

DIREITOS NATURAIS DAS CRIANÇAS

1. DIREITO AO ÓCIO:
TODA CRIANÇA TEM O DIREITO DE VIVER MOMENTOS DE TEMPO NÃO PROGRAMADOS PELOS ADULTOS.

2. DIREITO A SUJAR-SE:
TODA CRIANÇA TEM O DIREITO DE BRINCAR COM A TERRA, COM A AREIA, COM A ÁGUA, COM A LAMA, COM AS PEDRAS.

3. DIREITO AOS SENTIDOS:
TODA CRIANÇA TEM O DIREITO DE SENTIR OS GOSTOS E OS PERFUMES OFERECIDOS PELA NATUREZA.

4. DIREITO AO DIÁLOGO:
TODA CRIANÇA TEM O DIREITO DE FALAR SEM SER INTERROMPIDA, DE SER LEVADA A SÉRIO NAS SUAS IDEIAS, DE TER EXPLICAÇÕES PARA SUAS DÚVIDAS E DE ESCUTAR UMA FALA MANSA, SEM GRITOS.

5. DIREITO AO USO DAS MÃOS:
TODA CRIANÇA TEM O DIREITO DE [...] LIXAR, COLAR, MODELAR O BARRO, AMARRAR BARBANTES E CORDAS [...].

ALEXANDRE MATOS

6. DIREITO A UM BOM INÍCIO:
TODA CRIANÇA TEM O DIREITO DE COMER ALIMENTOS SÃOS DESDE O NASCIMENTO, DE BEBER ÁGUA LIMPA E RESPIRAR AR PURO.

7. DIREITO À RUA:
TODA CRIANÇA TEM O DIREITO DE BRINCAR NA RUA E NA PRAÇA E DE ANDAR LIVREMENTE PELOS CAMINHOS, SEM MEDO DE SER ATROPELADA POR MOTORISTAS QUE PENSAM QUE AS VIAS LHES PERTENCEM.

8. DIREITO À NATUREZA SELVAGEM:
TODA CRIANÇA TEM O DIREITO DE CONSTRUIR UMA CABANA NOS BOSQUES, DE TER UM ARBUSTO ONDE SE ESCONDER E ÁRVORES NAS QUAIS SUBIR.

9. DIREITO AO SILÊNCIO:
TODA CRIANÇA TEM O DIREITO DE ESCUTAR O RUMOR DO VENTO, O CANTO DOS PÁSSAROS, O MURMÚRIO DAS ÁGUAS.

10. DIREITO À POESIA:
TODA CRIANÇA TEM O DIREITO DE VER O SOL NASCER E SE PÔR E DE VER AS ESTRELAS E A LUA.

RUBEM ALVES. O MELHOR DE TUDO SÃO AS CRIANÇAS. IN: RUBEM ALVES. **CONVERSAS SOBRE EDUCAÇÃO**. 12. ED. CAMPINAS: VERUS, 2015. P. 32 E 33.

MOMENTO 1

FAMÍLIA: UM TESOURO PRECIOSO

1ª VIVÊNCIA

EUGENIO ZAMPIGHI. **UMA FAMÍLIA FELIZ**, 1944. ÓLEO SOBRE TELA, 74 CM × 106 CM.

APRENDENDO COM A FAMÍLIA

A FAMÍLIA É O PRIMEIRO GRUPO PARA O QUAL ENTRAMOS, LOGO QUE NASCEMOS.

COM ELA, APRENDEMOS A ANDAR, FALAR, COMER, BRINCAR, CUIDAR DE NOSSOS PERTENCES, RESPEITAR AS PESSOAS, DIVIDIR O QUE TEMOS, AJUDAR O PRÓXIMO E TANTAS OUTRAS COISAS QUE SÃO ESSENCIAIS PARA NOSSA VIDA PESSOAL E PARA A CONVIVÊNCIA EM GRUPO.

DEVEMOS AMAR E RESPEITAR NOSSA FAMÍLIA.

TEMPO DE CONVERSAR

1. O QUE A OBRA DE ARTE DA PÁGINA ANTERIOR RETRATA?
2. QUEM SÃO AS PESSOAS QUE FAZEM PARTE DE SUA FAMÍLIA? O QUE VOCÊ APRENDE COM ELAS?

TEMPO DE DESENHAR

REPRESENTE, EM UM DESENHO, ALGO QUE VOCÊ APRENDEU COM SUA FAMÍLIA.

PINTE OS ESPAÇOS NUMERADOS COM AS CORES INDICADAS E DESCUBRA UMA ATITUDE QUE JULIANA APRENDEU COM A FAMÍLIA DELA.

LEGENDA:

1 AMARELO	3 BEGE	5 VERDE	7 COR-DE-ROSA
2 AZUL	4 MARROM	6 VERMELHO	8 CINZA

1. O QUE VOCÊ ACHOU DA ATITUDE DE JULIANA?
2. VOCÊ JÁ TEVE UMA ATITUDE PARECIDA COM A DELA?

PENSE E RESPONDA

MIGUEL APRENDEU COM SUA FAMÍLIA QUE É IMPORTANTE COLABORAR EM CASA, E ELE FAZ ISSO RECOLHENDO AS FOLHAS DO QUINTAL.

CIRCULE OS OBJETOS DE QUE MIGUEL PRECISA PARA FAZER UM BOM TRABALHO.

RECORTE E COLE

PROCURE, EM JORNAIS E REVISTAS, IMAGENS DE PESSOAS QUE SE PARECEM COM OS MEMBROS DE SUA FAMÍLIA E COLE-AS NO ESPAÇO ABAIXO.

É PRECISO RESPEITAR AS DIFERENTES FORMAS DE VIVER DAS FAMÍLIAS.

2ª VIVÊNCIA

AS PRIMEIRAS REGRAS

AS REGRAS ESTÃO PRESENTES EM TODOS OS LUGARES E RESPEITÁ-LAS É INDISPENSÁVEL PARA A BOA CONVIVÊNCIA.

É NA FAMÍLIA QUE APRENDEMOS O RESPEITO AO PRÓXIMO E AS PRIMEIRAS REGRAS PARA VIVER EM SOCIEDADE.

SER GENTIL, EDUCADO, RESPEITAR E COMPREENDER A TODOS É FUNDAMENTAL PARA CONVIVERMOS EM HARMONIA.

RECORTE DA **PÁGINA AZUL** NÚMERO 105 AS IMAGENS QUE REPRESENTAM ALGUMAS REGRAS DE SUA FAMÍLIA OU DE SUA CASA. COLE-AS A SEGUIR.

 **TEMPO DE DESENHAR**

A ESCOLA TAMBÉM É UM LUGAR EM QUE HÁ REGRAS QUE DEVEMOS RESPEITAR.

DESENHE NO ESPAÇO ABAIXO UMA REGRA QUE VOCÊ SEGUE NA ESCOLA.

TEMPO DE CONVERSAR

ALÉM DA ESCOLA E DE SUA CASA, QUE OUTROS ESPAÇOS VOCÊ CONHECE EM QUE TAMBÉM HÁ REGRAS?

DIVIRTA-SE E APRENDA

PINTE A CENA DO TRÂNSITO. NO SEMÁFORO, USE APENAS A COR QUE INDICA AO MOTORISTA QUE ELE DEVE PARAR.

RESPEITAR AS REGRAS DE TRÂNSITO EVITA ACIDENTES.

TEMPO DE CANTAR

SEMÁFORO

QUANDO ESTOU VERMELHO
PARA TODOS POSSO OLHAR.
PARAM AO ME VER,
NINGUÉM DEVE, DEVE PASSAR.

QUANDO FICO AMARELO
É HORA DE MUITA ATENÇÃO.
ESPERE SÓ MAIS UM TEMPINHO
PARA UMA NOVA AÇÃO.

QUANDO FICO BEM VERDINHO
TODOS PODEM PASSAR.
MAS ALGUNS VÃO LIGEIRINHO,
NINGUÉM QUER SE ATRASAR!

MARÍLIA MORAES ORMENEZE SILVA.

3ª VIVÊNCIA

PALAVRINHAS MÁGICAS

EDUCAÇÃO E GENTILEZA SÃO VIRTUDES QUE DEVEMOS DESENVOLVER, POIS ELAS FAZEM COM QUE AS PESSOAS QUEIRAM FICAR PERTO DE NÓS.

ALGUMAS PALAVRAS E EXPRESSÕES QUE DEMONSTRAM ESSAS VIRTUDES SÃO: "OLÁ, COMO VAI?", "COM LICENÇA", "DESCULPE-ME!", "OBRIGADO!".

CONHECIDAS TAMBÉM COMO PALAVRINHAS MÁGICAS, ELAS NOS AJUDAM A TER UMA ÓTIMA RELAÇÃO UNS COM OS OUTROS.

TEMPO DE CONVERSAR

VOCÊ COSTUMA USAR AS PALAVRINHAS MÁGICAS? QUAIS? COM QUEM?

DIVIRTA-SE E APRENDA

CUBRA O TRACEJADO DAS PALAVRINHAS MÁGICAS QUE PULARAM DA CARTOLA DO MÁGICO. EM SEGUIDA, PINTE A CENA.

TEMPO DE CANTAR

PALAVRAS MÁGICAS

BOM DIA, BOA TARDE,
BOA NOITE, OI...
CUMPRIMENTO AS PESSOAS
COM UM SORRISO ASSIM.

DESCULPE-ME, COM LICENÇA,
OBRIGADO, POR FAVOR...
SEI SER EDUCADO TODO DIA ASSIM.

DESCULPE-ME, MEU AMIGO,
EU NÃO QUIS MACHUCÁ-LO!
COM LICENÇA, PROFESSORA,
EU POSSO ENTRAR?

E SERÁ QUE EU POSSO IR
AO BANHEIRO, POR FAVOR?
OBRIGADO PELO LÁPIS
QUE VOCÊ ME EMPRESTOU!

DESCOBRI PALAVRAS BOAS
QUE ALEGRAM AS PESSOAS.
ELAS SEMPRE ME ENSINAM EDUCAÇÃO!

MARÍLIA MORAES ORMENEZE SILVA.

4ª VIVÊNCIA

DIVERSÃO EM FAMÍLIA

ESTAR COM NOSSA FAMÍLIA NOS TRAZ CONFORTO E SEGURANÇA.

PODEMOS DESENVOLVER OS LAÇOS FAMILIARES DE VÁRIAS MANEIRAS: CONVERSANDO, CONTRIBUINDO COM AS TAREFAS DOMÉSTICAS, BRINCANDO, CANTANDO, PASSEANDO ETC.

DEMONSTRAR NOSSO AMOR À FAMÍLIA NOS DEIXA MAIS UNIDOS E FELIZES.

CONTE AOS COLEGAS E AO PROFESSOR QUE ATIVIDADES DE LAZER VOCÊ COSTUMA FAZER COM SUA FAMÍLIA.

A ATIVIDADE FAVORITA DA FAMÍLIA DE JOÃO É PASSEAR DE BICICLETA.

PINTE A CENA COM SUAS CORES PREFERIDAS.

ESTAR COM NOSSA FAMÍLIA FORTALECE O AMOR.

TEMPO DE DESENHAR

JOÃO GOSTA DE PEDALAR COM SUA FAMÍLIA. E VOCÊ? O QUE MAIS GOSTA DE FAZER COM SUA FAMÍLIA? DESENHE NO ESPAÇO ABAIXO.

TEMPO DE CONVERSAR

COLABORAR NAS TAREFAS DE CASA É DIVERTIDO E MELHORA O AMBIENTE.

VOCÊ COSTUMA COLABORAR NAS TAREFAS DE CASA?

PENSE E RESPONDA

MARQUE UM **X** NAS CENAS QUE MOSTRAM COLABORAÇÃO.

ILUSTRAÇÕES: DAYANE CABRAL RAVEN

DIVIRTA-SE E APRENDA

APÓS O JANTAR, ARTUR E LÍVIA COLABORAM COM A FAMÍLIA LAVANDO E SECANDO A LOUÇA. ELES ACHAM ESSA TAREFA MUITO DIVERTIDA.

DESCUBRA E CIRCULE 5 DIFERENÇAS ENTRE AS CENAS. DEPOIS, PINTE-AS.

5ª VIVÊNCIA

CUIDANDO DO MUNDO EM FAMÍLIA

ESTAR EM FAMÍLIA E APRENDER COM ELA É GOSTOSO E IMPORTANTE.

COM A FAMÍLIA, APRENDEMOS A RESPEITAR AS PESSOAS E A NATUREZA.

A NATUREZA FORNECE ELEMENTOS ESSENCIAIS PARA NOSSA SOBREVIVÊNCIA E, POR ISSO, É MUITO IMPORTANTE PRESERVÁ-LA.

DIVIRTA-SE E APRENDA

CUIDAR DOS ANIMAIS É UMA FORMA DE DEMONSTRAR NOSSO AMOR PELA NATUREZA.

LIGUE CADA IMAGEM À SUA RESPECTIVA SOMBRA.

TEMPO DE CANTAR

JUNTOS

JUNTO COM MINHA FAMÍLIA
OS DIAS SÃO MUITO LEGAIS.
JUNTO COM MINHA FAMÍLIA
FAÇO COISAS SENSACIONAIS.

AJUDAR A MAMÃE A ARRUMAR O MEU QUARTO,
BRINCAR COM MINHA IRMÃ PEQUENININHA ASSIM,
AJUDAR O PAPAI A LAVAR NOSSO CARRO
E VAMOS TODOS JUNTOS CUIDAR DO JARDIM.

JUNTO COM MINHA FAMÍLIA
OS DIAS SÃO MUITO LEGAIS.
JUNTO COM MINHA FAMÍLIA
FAÇO COISAS SENSACIONAIS.

PASSEAR LÁ NO PARQUE E ANDAR DE BICICLETA,
IR À LANCHONETE COMER BATATINHA
E DEPOIS DE UM SORVETE E UM CHICLETE
PEGAR UM CINEMINHA, PIPOCA, REFRI!

MOACIR ALVES DE FARIA.

DIVIRTA-SE E APRENDA

A MÚSICA "JUNTOS", QUE VOCÊ CANTOU, DIZ:

> "E VAMOS TODOS JUNTOS CUIDAR DO JARDIM."

COM ISSO, O AUTOR QUIS DIZER QUE PRECISAMOS CUIDAR DA NATUREZA, POIS ELA NOS OFERECE TUDO DE QUE PRECISAMOS PARA SOBREVIVER.

PINTE O JARDIM E DESENHE AS FLORES NOS CAULES.

TEMPO DE CONVERSAR

1. EM SUA OPINIÃO, COMO AS FAMÍLIAS PODEM CUIDAR DA NATUREZA?
2. DE QUE MANEIRA SUA FAMÍLIA CONTRIBUI COM A NATUREZA? CITE UM EXEMPLO.

TEMPO DE APRENDER FAZENDO

USANDO MASSINHA DE MODELAR, REPRESENTE UMA AÇÃO DE SUA FAMÍLIA NOS CUIDADOS COM A NATUREZA. EM SEGUIDA, CONVERSE COM UM COLEGA SOBRE ELA.

TEMPO DE AGRADECER

DEUS DE TODOS OS POVOS, DE TODAS AS ETNIAS, OBRIGADO PELA EDUCAÇÃO QUE RECEBO DE MINHA FAMÍLIA.

AJUDE-ME A PÔR EM PRÁTICA TODOS OS ENSINAMENTOS QUE COM ELA APRENDO.

MOMENTO 2

CONVIVENDO EM GRUPO

6ª VIVÊNCIA

CONVIVENDO COM O OUTRO

ESTAR COM AS PESSOAS PODE SER MUITO DIVERTIDO, ALÉM DE NOS TRAZER DIFERENTES APRENDIZADOS.

PODEMOS FORMAR GRUPOS DE CONVIVÊNCIA NA ESCOLA, NO CLUBE, NA PRACINHA ETC.

A CONVIVÊNCIA NOS ENSINA A COMPARTILHAR, A CULTIVAR SENTIMENTOS E A PRATICAR O RESPEITO, E TUDO ISSO NOS AJUDA A CRESCER E NOS TORNA FELIZES.

TEMPO DE CONVERSAR

1. VOCÊ JÁ OUVIU FALAR DE GRUPOS DE CONVIVÊNCIA? QUAIS?
2. VOCÊ PARTICIPA OU GOSTARIA DE PARTICIPAR DE ALGUM GRUPO DE CONVIVÊNCIA? QUAL?

DIVIRTA-SE E APRENDA

CUBRA OS TRACEJADOS E DESCUBRA QUAL GRUPO DE CONVIVÊNCIA A IMAGEM RETRATA. DEPOIS, PINTE A CENA.

 **TEMPO DE CONVERSAR**

COMO É SUA CONVIVÊNCIA COM OS COLEGAS E O PROFESSOR?

 PENSE E RESPONDA

1. PINTE A IMAGEM QUE REPRESENTA UMA BOA CONVIVÊNCIA NA ESCOLA.

DAYANE CABRAL RAVEN

2. OBSERVE ALGUNS GRUPOS DE CONVIVÊNCIA. DEPOIS, PINTE O QUADRINHO DAS IMAGENS QUE MOSTRAM GRUPOS DOS QUAIS VOCÊ PARTICIPA, JÁ PARTICIPOU OU GOSTARIA DE PARTICIPAR.

 **TEMPO DE DESENHAR**

1. REPRESENTE COM UM DESENHO O GRUPO DE CONVIVÊNCIA QUE DEIXA VOCÊ MAIS FELIZ.

2. ALGUMA SITUAÇÃO JÁ O DEIXOU TRISTE EM UM GRUPO DE CONVIVÊNCIA? DESENHE COMO FICA SEU ROSTO QUANDO VOCÊ ESTÁ TRISTE.

NÃO DEVO FAZER AOS OUTROS O QUE NÃO QUERO QUE FAÇAM COMIGO.

TEMPO DE APRENDER FAZENDO

EM UM DE SEUS GRUPOS DE CONVIVÊNCIA, JÚLIA APRENDEU A FAZER UM CHOCALHO DE SUCATA.

AGORA É SUA VEZ DE APRENDER A FAZER UM TAMBÉM!

VOCÊ VAI PRECISAR DE:

- 1 RECIPIENTE PÓS-CONSUMO (LATA DE METAL, COPO DE IOGURTE OU GARRAFINHA PET);

 OU OU

- GRÃOS (ARROZ, FEIJÃO OU MILHO DE PIPOCA);

- PAPÉIS COLORIDOS;

- FITA ADESIVA;

- TESOURA;

- COLA.

PASSO 1: COLOQUE OS GRÃOS DENTRO DO RECIPIENTE.

PASSO 2: CUBRA COM PAPEL TODA A ABERTURA DO RECIPIENTE E PRENDA-O COM FITA ADESIVA.

PASSO 3: PARA DECORAR, COLE PEDAÇOS DE PAPEL COLORIDO AO REDOR DO RECIPIENTE. USE SUA IMAGINAÇÃO PARA DEIXÁ-LO BEM BONITO!

7ª VIVÊNCIA

REGRAS DE CONVIVÊNCIA

EM TODOS OS GRUPOS DE CONVIVÊNCIA HÁ REGRAS OU COMBINADOS QUE DEVEM SER SEGUIDOS.

NOS LUGARES QUE FREQUENTAMOS, MESMO SEM PERCEBER, RESPEITAMOS REGRAS: OBEDECEMOS A HORÁRIOS DE ENTRADA E DE SAÍDA, FORMAMOS FILAS PARA SERMOS ATENDIDOS, ESPERAMOS NOSSA VEZ DE FALAR ETC.

AS REGRAS ORGANIZAM O CONVÍVIO, E É FUNDAMENTAL SEGUI-LAS.

DIVIRTA-SE E APRENDA

1. DUDU RESPEITA AS REGRAS DO PARQUE.

CUBRA OS TRACEJADOS PARA COMPLETAR O DESENHO DA BICICLETA. DEPOIS, PINTE A CENA.

2. COMPLETE A IMAGEM ABAIXO COM AS PEÇAS QUE ESTÃO NA **PÁGINA AZUL** NÚMERO 107. DEPOIS, FAÇA UM **X** NAS CENAS QUE MOSTRAM FALTA DE RESPEITO ÀS REGRAS.

TEMPO DE CANTAR

TONI EDUCADINHO

TONI EDUCADINHO ERA UM MENININHO
QUE TODA GENTE ADMIRAVA.
ERA TÃO BONZINHO, FALAVA BAIXINHO
E A NINGUÉM INCOMODAVA.
FICAVA CALADO PRESTANDO ATENÇÃO
QUANDO ALGUÉM COM ELE FALAVA.
NUNCA SE ESQUECIA DE DIZER:
— BOM DIA, BOA TARDE, COM LICENÇA, COMO VAI,
PASSAR BEM, ATÉ LOGO, VÊ SE VAI ME VISITAR.

MOACIR ALVES DE FARIA.

8ª VIVÊNCIA

A ALEGRIA DE CONVIVER EM GRUPOS

QUANDO PARTICIPAMOS DE ALGUM GRUPO DE CONVIVÊNCIA, GOSTAMOS DE ESTAR PERTO DAS PESSOAS QUE FAZEM PARTE DELE. BUSCAMOS PASSAR MOMENTOS AGRADÁVEIS, DIVERTIDOS E DE MUITO APRENDIZADO JUNTO DELAS.

> É MUITO BOM SABER QUE PODEMOS CONTAR COM ALGUÉM.

DIVIRTA-SE E APRENDA

LIGUE CADA GRUPO DE CRIANÇAS AO LUGAR ADEQUADO PARA O ENCONTRO DELAS. DEPOIS, PINTE O GRUPO QUE ESTÁ FAZENDO O QUE MAIS AGRADA A VOCÊ.

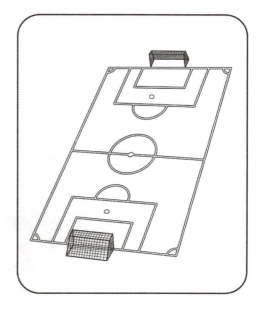

QUE TAL UMA HISTÓRIA?

O ANIVERSÁRIO DO GABRIEL

PERGUNTEI AO GABRIEL O QUE TERIA NO ANIVERSÁRIO DELE.

— BOLO, COXINHA, SUCO, BALÕES E BRIGADEIROS — ELE RESPONDEU.

— VAI TER BRINCADEIRA? — CONTINUEI EU.

— SIM!!! VAI TER PULA-PULA, ESCORREGADOR, PISCINA DE BOLINHAS...

— VAI TER PALHAÇO?

— NÃO!!! O BRAIKE TEM MEDO!!! — RESPONDEU GABRIEL, APONTANDO PARA O CACHORRO DEITADO ALI PERTO.

— QUEM VOCÊ VAI CONVIDAR?

— A VOVÓ, O VOVÔ, A TIA CAROL E MEUS AMIGUINHOS.

— E O QUE VOCÊ QUER GANHAR DE PRESENTE?

— NADA! EU SÓ QUERO COMER BOLO E ME DIVERTIR MUITO COM AS PESSOAS QUE EU AMO!

MOACIR ALVES DE FARIA.

TEMPO DE CONVERSAR

VOCÊ SABIA QUE UMA FESTA DE ANIVERSÁRIO É UMA BOA OPORTUNIDADE PARA REUNIR AS PESSOAS DAS QUAIS VOCÊ GOSTA? DE QUE MANEIRA VOCÊ COSTUMA COMEMORAR SEU ANIVERSÁRIO?

TEMPO DE COMPARTILHAR

COLE AQUI UMA FOTOGRAFIA DE SEU ANIVERSÁRIO OU, SE PREFERIR, FAÇA UM DESENHO PARA REPRESENTAR COMO GOSTARIA DE COMEMORÁ-LO.

DEPOIS DE COLAR OU DESENHAR, MOSTRE A CENA AOS COLEGAS E EXPLIQUE-A.

PENSE E RESPONDA

O GRUPO DE ESCOTEIROS REALIZOU UM ACAMPAMENTO. PINTE OS OBJETOS QUE ELES PRECISARAM COLOCAR NAS MOCHILAS.

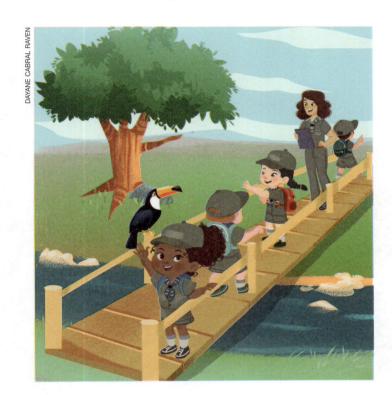

TEMPO DE AGRADECER

DEUS DE TODOS OS POVOS, DE TODAS AS ETNIAS, OBRIGADO PELA OPORTUNIDADE DE CONVIVER COM PESSOAS QUE ME QUEREM BEM. OBRIGADO TAMBÉM PELA EDUCAÇÃO QUE RECEBO NOS GRUPOS DE CONVIVÊNCIA DOS QUAIS PARTICIPO.

MOMENTO 3

O MUNDO É DE TODOS

9ª VIVÊNCIA

LUGARES QUE PERTENCEM A TODOS

LUGARES PÚBLICOS SÃO ESPAÇOS QUE PERTENCEM A TODOS E SÃO IMPORTANTES PARA AS CIDADES. AS PRAIAS, PRAÇAS E BIBLIOTECAS SÃO EXEMPLOS DE LUGARES PÚBLICOS.

NESSES ESPAÇOS, AS PESSOAS TÊM A OPORTUNIDADE DE SE REUNIR COM OUTRAS E RELAXAR DA AGITAÇÃO DA VIDA DIÁRIA.

> OS ESPAÇOS PÚBLICOS APRESENTAM BENEFÍCIOS PARA NOSSA SAÚDE FÍSICA E MENTAL.

TEMPO DE DESENHAR

DESENHE UM LUGAR PÚBLICO QUE TENHA TUDO DO QUE VOCÊ GOSTA PARA SE DIVERTIR!

DIVIRTA-SE E APRENDA

CUBRA O CAMINHO QUE MARCELA DEVE FAZER PARA CHEGAR AO ESPAÇO PÚBLICO FAVORITO DELA: A BIBLIOTECA.

TEMPO DE CONVERSAR

1. FALE AOS COLEGAS O NOME DE UM ESPAÇO PÚBLICO QUE VOCÊ FREQUENTA.
2. ESSE LUGAR FICA PRÓXIMO DE SUA CASA?
3. COMO VOCÊ SE SENTE NESSE AMBIENTE?

PENSE E RESPONDA

A PRAIA É UM ESPAÇO PÚBLICO FREQUENTADO POR MUITAS PESSOAS.

QUE CENA MALUCA!!! CIRCULE O QUE NÃO FAZ PARTE DESSE ESPAÇO PÚBLICO.

10ª VIVÊNCIA

AJUDANDO A CUIDAR DO QUE É NOSSO

VOCÊ JÁ PAROU PARA PENSAR NA DIFERENÇA ENTRE AS PALAVRAS **MEU** E **NOSSO**?

GRANDE PARTE DOS LOCAIS QUE FREQUENTAMOS SÃO DE USO COLETIVO, OU SEJA, SÃO **NOSSOS** ESPAÇOS. PORTANTO, É **DIREITO DE TODOS** VISITÁ-LOS E UTILIZÁ-LOS.

É TAMBÉM **DEVER DE TODOS** CUIDAR DOS LUGARES QUE SÃO DE **TODOS** E PRESERVÁ-LOS.

> DO QUE É MEU, CUIDO EU;
> DO QUE É NOSSO, CUIDAMOS NÓS!

PINTE O QUADRINHO DA IMAGEM QUE DEMONSTRA UM LUGAR PÚBLICO BEM CUIDADO.

 TEMPO DE CONVERSAR

QUAL É SUA OPINIÃO SOBRE O LUGAR PÚBLICO QUE NÃO FOI PRESERVADO? CONVERSE COM OS COLEGAS E O PROFESSOR SOBRE ELE.

 **PENSE E RESPONDA**

VOCÊ RECOLHERIA O LIXO QUE OUTRA PESSOA JOGOU NO CHÃO? PINTE APENAS A CENA EM QUE O MENINO AGIU DE MANEIRA CORRETA.

ILUSTRAÇÕES: ILUSTRA CARTOON

 TEMPO DE COMPARTILHAR

PARA PRATICAR O QUE APRENDEU, REÚNA-SE COM OS COLEGAS E, APÓS O RECREIO, AJUDEM O FUNCIONÁRIO DA ESCOLA RESPONSÁVEL PELA LIMPEZA A RECOLHER O LIXO QUE FICOU ESPALHADO PELO CHÃO.

TEMPO DE CANTAR

CUIDANDO DO MUNDO

AQUI TUDO É TÃO GRANDE...
E EU SOU TÃO PEQUENO...
O QUE POSSO FAZER,
QUE IDEIAS POSSO TER
PARA O NOSSO MUNDO PROTEGER?

A NATUREZA SOFRE, SOFRE,
PEDE SOCORRO.
PRECISAMOS AJUDÁ-LA,
FAZER ALGUMA COISA
ANTES QUE ELA MORRA.
SOMOS INTELIGENTES,
SOMOS RESPONSÁVEIS.
PRECISAMOS ACHAR
UMA FORMA DE AJUDAR
E DO NOSSO MUNDO CUIDAR.

MOACIR ALVES DE FARIA.

11ª VIVÊNCIA

RESPEITO AO ESPAÇO PÚBLICO E ÀS PESSOAS QUE NELE CONVIVEM

QUANDO COMPARTILHAMOS UM ESPAÇO PÚBLICO COM OUTRAS PESSOAS, NEM SEMPRE ELAS ESTÃO LÁ PARA FAZER O MESMO QUE NÓS.

TEMOS O DIREITO DE DESFRUTAR DO QUE OS LUGARES TÊM A OFERECER, MAS PRECISAMOS CUIDAR PARA NÃO ATRAPALHAR AS ATIVIDADES DOS OUTROS.

AO SEGUIRMOS AS REGRAS DOS LUGARES PÚBLICOS, NOSSOS DIREITOS E OS DAS OUTRAS PESSOAS SÃO RESPEITADOS.

PENSE E RESPONDA

OBSERVE A CENA.

TODOS ESTÃO RESPEITANDO O LOCAL?

FAÇA UM **X** NAQUILO QUE É UM DESRESPEITO AO ESPAÇO PÚBLICO.

DIVIRTA-SE E APRENDA

CANTE A MÚSICA DA PÁGINA SEGUINTE COM OS COLEGAS E O PROFESSOR. DEPOIS, DECORE A RUA COMO SE ELA FOSSE SUA.

TEMPO DE CANTAR

SE ESTA RUA FOSSE MINHA

SE ESTA RUA, SE ESTA RUA FOSSE MINHA,
EU MANDAVA, EU MANDAVA LADRILHAR
COM PEDRINHAS, COM PEDRINHAS DE BRILHANTES
SÓ PRO MEU, SÓ PRO MEU AMOR PASSAR.

CANTIGA.

DIVIRTA-SE E APRENDA

QUANDO ESTAMOS EM UMA FILA, TEMOS DE AGUARDAR NOSSA VEZ COM PACIÊNCIA E EDUCAÇÃO.

FAÇA BOLINHAS DE PAPEL CREPOM DE VÁRIAS CORES E COLE NO CARRINHO PARA REPRESENTAR AS PIPOCAS.

QUE TAL UMA HISTÓRIA?

MARIA, A DO CONTRA

MARIA ERA UMA MENINA QUE NÃO GOSTAVA DE SEGUIR REGRAS. SEMPRE QUE A PROFESSORA EXPLICAVA COMO FAZER UMA ATIVIDADE, ELA DESOBEDECIA E FAZIA DIFERENTE. SE ELA MAGOAVA UM COLEGUINHA, NÃO QUERIA PEDIR DESCULPAS. MAS SE ALGUÉM A MAGOAVA, RECLAMAVA PARA A PROFESSORA E EXIGIA UM PEDIDO DE DESCULPAS.

MOACIR ALVES DE FARIA.

TEMPO DE CONVERSAR

1. QUAL É SUA OPINIÃO SOBRE AS ATITUDES DE MARIA?
2. VOCÊ DESCULPA QUEM O MAGOA E PEDE DESCULPAS QUANDO MAGOA ALGUÉM?
3. COMO COSTUMA AGIR QUANDO OS COLEGAS NÃO QUEREM BRINCAR DA MESMA BRINCADEIRA QUE VOCÊ?

DEVEMOS SEMPRE SEGUIR AS REGRAS DA ESCOLA E TRATAR AS PESSOAS DA MESMA MANEIRA QUE QUEREMOS SER TRATADOS: COM RESPEITO E EDUCAÇÃO!

PENSE E RESPONDA

VOCÊ SABE QUEM FEZ SUA ESCOLA? E AS PRAÇAS E OS JARDINS DE SUA CIDADE?

VAMOS BRINCAR DE **O QUE É, O QUE É?** PARA DESCOBRIR QUEM SÃO ESSES PROFISSIONAIS?

> QUANDO CUIDAMOS BEM DOS LUGARES, ESTAMOS RESPEITANDO QUEM OS CONSTRUIU.

PEGO A AREIA E MISTURO COM O CIMENTO.
VOU UNINDO OS TIJOLOS E A PAREDE LEVANTO.

EU SOU O _____.

ILUSTRAÇÕES: MARCOS MACHADO

COM O MARTELO BATO, BATO, BATO OS PREGOS SEM PARAR.
O TELHADO FICA PRONTO PARA A CHUVA NÃO ENTRAR.

EU SOU O _____.

CUIDO DO NOSSO JARDIM COM AMOR E ATENÇÃO.

TEM ROSA, CRAVO E JASMIM, ERVAS DANINHAS NÃO TEM, NÃO.

EU SOU A _____.

COM O PINCEL EU VOU E VOLTO, COLORINDO SEM PARAR.

A ESCOLA FICA LINDA PARA TODO MUNDO ENTRAR!

EU SOU A _____.

TEXTOS ESCRITOS ESPECIALMENTE PARA ESTA OBRA.

TEMPO DE AGRADECER

DEUS DE TODOS OS POVOS, DE TODAS AS ETNIAS, OBRIGADO PELO MUNDO MARAVILHOSO QUE TEMOS, COM TANTAS OPORTUNIDADES DE CONVIVER COM PESSOAS TÃO DIFERENTES EM LUGARES TÃO BELOS.

MOMENTO 4

SOMOS PARTE DA NATUREZA

12ª VIVÊNCIA

O SER HUMANO É ESPECIAL

OBSERVE ESSAS CRIANÇAS. O QUE VOCÊ ACHA QUE ELAS ESTÃO FAZENDO?

O SER HUMANO É UM SER VIVO CAPAZ DE PENSAR, FORMAR IDEIAS E INVENTAR COISAS. É O ÚNICO QUE TEM CONSCIÊNCIA DE SUA EXISTÊNCIA E IMPORTÂNCIA NO MUNDO.

POR TUDO ISSO, ELE SE TORNA RESPONSÁVEL PELO CUIDADO COM O PLANETA E COM TODOS OS SERES QUE NELE HABITAM.

TEMPO DE CONVERSAR

1. VOCÊ PENSA?
2. SOBRE O QUE VOCÊ COSTUMA PENSAR?
3. COM QUE PARTE DO CORPO VOCÊ PENSA?

TEMPO DE DESENHAR

DESENHE VOCÊ CUIDANDO DE UM SER VIVO. PODE SER UM ANIMAL, UMA PLANTA OU OUTRA PESSOA.

PENSE E RESPONDA

MUITOS OBJETOS QUE VOCÊ UTILIZA NO DIA A DIA NÃO FAZEM PARTE DA NATUREZA — ELES FORAM INVENTADOS PELOS SERES HUMANOS!

PINTE TODOS OS ELEMENTOS DESTA PÁGINA QUE FORAM INVENTADOS PELO SER HUMANO.

EDUARDO BELMIRO

TEMPO DE CONVERSAR

PARA SATISFAZER AS NECESSIDADES DIÁRIAS — COMO SE ALIMENTAR E TOMAR BANHO — E TAMBÉM PARA INVENTAR OBJETOS, OS SERES HUMANOS UTILIZAM RECURSOS NATURAIS.

1. VOCÊ SABIA QUE A MADEIRA DAS ÁRVORES É MUITO UTILIZADA PELOS SERES HUMANOS?
2. VOCÊ CONHECE ALGUM OBJETO FEITO DE MADEIRA?

PENSE E RESPONDA

1. FAÇA UM **X** NO QUADRINHO DAS IMAGENS QUE REPRESENTAM OBJETOS DE MADEIRA.

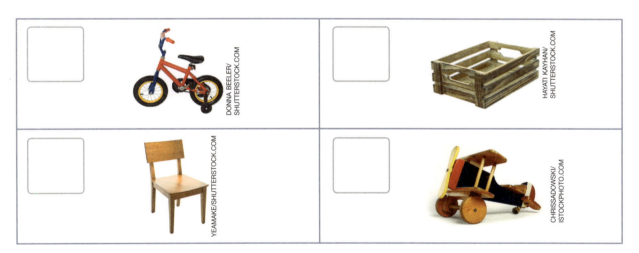

DEVEMOS USAR COM RESPEITO E MODERAÇÃO O QUE A NATUREZA NOS OFERECE. PARA CORTAR UMA ÁRVORE, DEVEMOS PLANTAR OUTRAS 25.

2. RECORTE AS IMAGENS QUE ESTÃO NA **PÁGINA AZUL** NÚMERO 109 E COLE-AS A SEGUIR, NO LOCAL CORRETO, PARA INDICAR SE ELAS REPRESENTAM ATITUDES POSITIVAS OU NEGATIVAS DO SER HUMANO EM RELAÇÃO À NATUREZA.

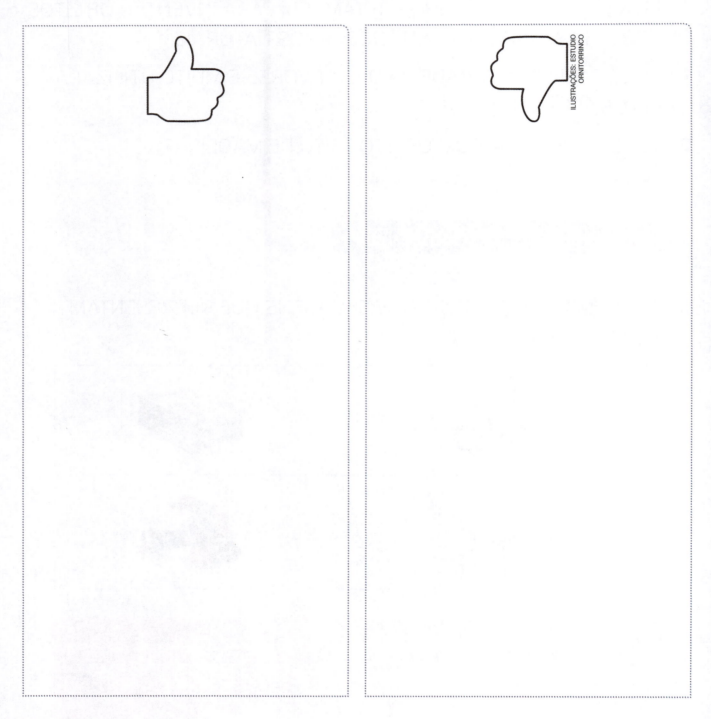

ILUSTRAÇÕES: ESTUDIO ORNITORRINCO

13ª VIVÊNCIA

OS SERES HUMANOS E OS ANIMAIS

ALGUNS ANIMAIS SÃO GRANDES E OUTROS, PEQUENOS; ALGUNS SÃO DOMESTICADOS E OUTROS, NÃO.

VOCÊ SABIA QUE, ASSIM COMO OS SERES HUMANOS, OS ANIMAIS SENTEM MEDO, DOR, FOME, SEDE E PRECISAM DE ABRIGO E SEGURANÇA?

NÃO IMPORTA SE VIVEM PERTO OU LONGE DE NÓS. COMO TEMOS MAIS CONTROLE SOBRE A NATUREZA E COMPARTILHAMOS O PLANETA COM ELES, PRECISAMOS RESPEITÁ-LOS, PROTEGÊ-LOS E GARANTIR-LHES A VIDA.

TEMPO DE CONVERSAR

1. VOCÊ SE ACHA MAIS INTELIGENTE DO QUE OS ANIMAIS? POR QUÊ?
2. VOCÊ SE ACHA CAPAZ DE PROTEGER UM ANIMAL E CUIDAR DELE?

RECORTE E COLE

1. RECORTE DE JORNAIS E REVISTAS IMAGENS QUE REPRESENTEM ATITUDES DE RESPEITO E CUIDADO COM OS ANIMAIS E COLE-AS A SEGUIR.

2. MUITAS VEZES, OS SERES HUMANOS SE ESQUECEM DE QUE DEVEM PROTEGER A NATUREZA: CORTAM ÁRVORES EM EXCESSO, PROVOCAM QUEIMADAS E CAUSAM MUITOS PREJUÍZOS AO MEIO AMBIENTE E AOS ANIMAIS QUE VIVEM NELE.

RECORTE AS ÁRVORES QUE ESTÃO NA **PÁGINA AZUL** NÚMERO 111 E COLE-AS ABAIXO PARA COMPLETAR A FLORESTA DOS ESQUILOS.

DIVIRTA-SE E APRENDA

1. A ONÇA ESTÁ COM SEDE. PINTE O CAMINHO QUE ELA DEVE FAZER PARA ENCONTRAR ÁGUA FRESCA E LIMPA.

2. PINTE OS ESPAÇOS EM QUE APARECEM PONTINHOS E ENCONTRE A FIGURA DE UM ANIMAL.

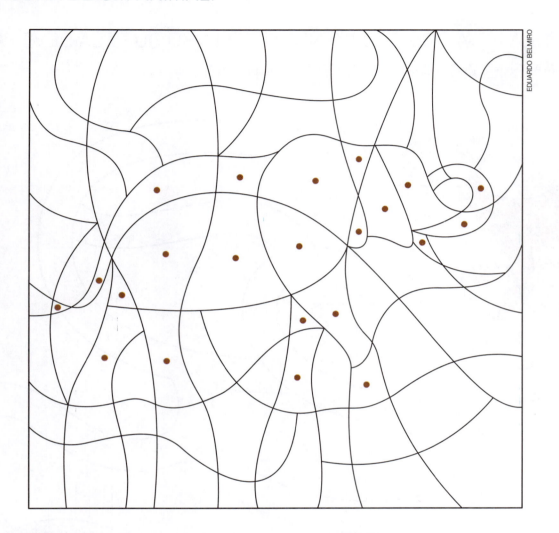

3. CONTE AOS COLEGAS E AO PROFESSOR O NOME DO ANIMAL QUE VOCÊ DESCOBRIU.

TEMPO DE APRENDER FAZENDO

USE MASSINHA PARA MODELAR SEU ANIMAL FAVORITO. DÊ UM NOME A ELE.

14ª VIVÊNCIA

OS SERES HUMANOS E AS PLANTAS

AS PLANTAS DO NOSSO PLANETA SÃO SERES VIVOS QUE PRECISAM DE CUIDADO E PROTEÇÃO. ELAS TÊM NECESSIDADES PARECIDAS COM AS NOSSAS: PRECISAM DE ÁGUA, OXIGÊNIO, ALIMENTO, LUZ E CALOR DO SOL.

ELAS CONTRIBUEM MUITO PARA O CONFORTO E BEM-ESTAR DE TODOS OS SERES VIVOS. ALGUMAS SERVEM DE ALIMENTO PARA NÓS E OS ANIMAIS; OUTRAS SERVEM DE ABRIGO E PROTEÇÃO PARA DIVERSAS ESPÉCIES. ALÉM DISSO, AS PLANTAS TÊM A IMPORTANTE FUNÇÃO DE PURIFICAR O AR QUE RESPIRAMOS.

DIVIRTA-SE E APRENDA

AGORA QUE VOCÊ SABE COMO AS PLANTAS SÃO IMPORTANTES, VAMOS REGAR ESTA PLANTINHA?

DESENHE GOTAS DE ÁGUA CAINDO DO REGADOR PARA MOLHÁ-LA. DEPOIS, PINTE A CENA.

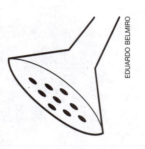

EDUARDO BELMIRO

TODO SER VIVO PRECISA DE ÁGUA.

TEMPO DE CONVERSAR

AS PLANTAS SÃO MUITO IMPORTANTES PARA OS ANIMAIS. ALGUMAS SERVEM DE ALIMENTO, OUTRAS DE REMÉDIO E OUTRAS DE MORADIA.

OBSERVE AS IMAGENS A SEGUIR.

1. O QUE AS IMAGENS NOS MOSTRAM?
2. DE QUE MANEIRA AS PLANTAS AJUDAM ESSES ANIMAIS?
3. O QUE VOCÊ ACHA QUE ACONTECERIA SE TODAS AS PLANTAS MORRESSEM?

DIVIRTA-SE E APRENDA

COMO FICARIA UM JARDIM BEM CUIDADO?

COMPLETE O DESENHO E PINTE A CENA, DEIXANDO O JARDIM COLORIDO E CHEIO DE VIDA.

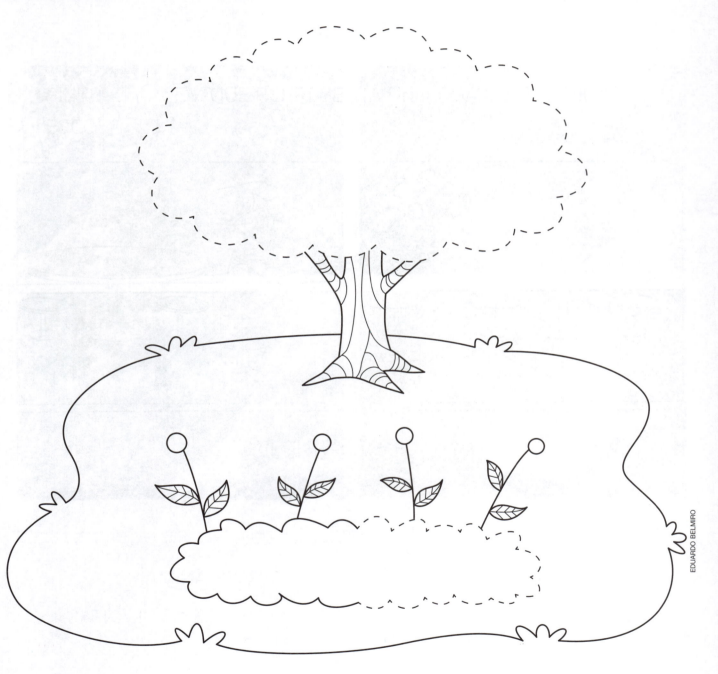

EDUARDO BELMIRO

RECORTE E COLE

ASSIM COMO NÓS, SE AS PLANTAS NÃO FOREM BEM CUIDADAS, ELAS PODEM ADOECER E ATÉ MORRER.

PROCURE EM JORNAIS E REVISTAS IMAGENS DE PLANTAS SAUDÁVEIS E COLE-AS NO ESPAÇO ABAIXO.

TEMPO DE CANTAR

A NATUREZA

A NATUREZA É TÃO RICA!
TEM ÁRVORES, FLORES E FRUTOS
DE MUITOS TAMANHOS E CORES:
VERDES, VERMELHOS, AMARELOS...
ELA FORNECE DE TUDO:
CASA, ABRIGO, ALIMENTOS.
ATÉ O REMÉDIO FORNECE
PARA O ANIMAL QUE ESTÁ DOENTE.
**VAMOS CUIDAR DA NATUREZA,
POIS ELA DEPENDE DE NÓS!**
A NATUREZA TUDO NOS DÁ:
BELEZA E VIDA ABUNDANTE.
MAS NADA DURA PRA SEMPRE...
TEMOS DE USAR COM CUIDADO,
TEMOS DE SER RESPONSÁVEIS,
POIS TUDO QUE A VIDA NOS DÁ,
SE HOUVER DESPERDÍCIO,
UM DIA IRÁ ACABAR!
**VAMOS CUIDAR DA NATUREZA,
POIS ELA DEPENDE DE NÓS!**

MOACIR ALVES DE FARIA.

15ª VIVÊNCIA

A ÁGUA

SE VOCÊ ESTIVESSE NA LUA, VERIA O PLANETA TERRA COMO NESSA FOTOGRAFIA.

TODA A PARTE AZUL DO NOSSO PLANETA É ÁGUA, E A PARTE ESVERDEADA É TERRA, SOLO.

VOCÊ PODE PERCEBER QUE HÁ MUITO MAIS ÁGUA DO QUE TERRA, MAS GRANDE PARTE DESSA ÁGUA É SALGADA E NÃO PODEMOS BEBÊ-LA.

É POR ISSO QUE TEMOS DE CUIDAR DA ÁGUA, PRESERVÁ-LA E ECONOMIZÁ-LA. ELA PODE ACABAR E, SEM ELA, NÃO HÁ VIDA.

RECORTE E COLE

RECORTE DE JORNAIS E REVISTAS IMAGENS DE PESSOAS UTILIZANDO ÁGUA E COLE-AS A SEGUIR.

TEMPO DE DESENHAR

A ÁGUA É FUNDAMENTAL PARA A NOSSA VIDA.

DESENHE A SI MESMO UTILIZANDO ÁGUA NAS SITUAÇÕES A SEGUIR.

TOMANDO BANHO	ESCOVANDO OS DENTES

BEBENDO ÁGUA	REGANDO UMA PLANTA

PENSE E RESPONDA

PRECISAMOS UTILIZAR A ÁGUA DE FORMA CONSCIENTE, SEM DESPERDÍCIO.

PINTE AS IMAGENS QUE MOSTRAM O USO CORRETO DA ÁGUA.

DIVIRTA-SE E APRENDA

COM GIZ DE CERA, PINTE ESTA PAISAGEM NATURAL PARA DEIXÁ-LA ALEGRE E CHEIA DE VIDA.

TEMPO DE AGRADECER

DEUS DE TODOS OS POVOS, DE TODAS AS ETNIAS, OBRIGADO PELA NATUREZA E POR TODOS OS SERES VIVOS QUE HABITAM NOSSO MUNDO.

QUERIDA CRIANÇA!

CHEGOU AO FIM UM ANO EM QUE VOCÊ APRENDEU MUITO E SE DIVERTIU! VOCÊ TEVE OPORTUNIDADE DE FAZER NOVOS AMIGOS, APRENDER NOVAS CANÇÕES, CUIDAR DE SI E DO PRÓXIMO, VALORIZAR SUA FAMÍLIA E OUTRAS PESSOAS QUE ESTÃO A SUA VOLTA. VOCÊ CRESCEU!

PARABÉNS POR TUDO QUE CONQUISTOU!

NOSSO DESEJO É QUE NO PRÓXIMO ANO VOCÊ CONTINUE CRESCENDO E CONQUISTANDO MUITO MAIS.

UM GRANDE ABRAÇO,
MAILZA, MARÍLIA E MOACIR

ALEXANDRE MATOS

DIA DO PROFESSOR — 15 DE OUTUBRO

COM A AJUDA DO PROFESSOR, LEIA O POEMINHA E EXPRESSE O QUE VOCÊ SENTE POR ELE NESTE DIA.

DEPOIS, PINTE O DESENHO DEIXANDO TUDO BEM COLORIDO. POR FIM, RECORTE O CARTÃO E ENTREGUE-O AO PROFESSOR.

COM VOCÊ,
APRENDO O QUE É
VALOR,

AQUELE QUE NÃO
É MEDIDO OU
CONTADO.

SEMPRE ENSINA
COM AMOR

E MERECE MEU
MUITO OBRIGADO.

DIA DA CRIANÇA – 12 DE OUTUBRO

HOJE É DIA DE FESTA PORQUE É SEU DIA!

VAMOS PRODUZIR UM BRINQUEDO PARA VOCÊ SE DIVERTIR?

MATERIAL

- GARRAFA PET;
- TESOURA COM PONTA ARREDONDADA;
- TINTA E PINCEL;
- FITA ADESIVA;
- PALITO DE ALGODÃO-DOCE;
- ADESIVOS, COLA COLORIDA, LANTEJOULAS (ENFEITES).

DESENVOLVIMENTO

PINTE E ENFEITE COMO DESEJAR METADE DE UMA GARRAFA PET. EM SEGUIDA, RECORTE O PALHACINHO E PRENDA-O NO PALITO DE ALGODÃO-DOCE USANDO A FITA ADESIVA.

PRONTO, AGORA É SÓ ENCAIXAR O PALITO DENTRO DA GARRAFA E BRINCAR DE ESCONDE-ESCONDE.

ILUSTRAÇÕES: EDUARDO BELMIRO

DIA DOS PAIS — 2º DOMINGO DE AGOSTO

PRESENTEIE AQUELE QUE ESTÁ SEMPRE DISPOSTO A CUIDAR DE VOCÊ E AJUDÁ-LO A CRESCER!

RECORTE O CARTÃO ABAIXO, ESCREVA NELE O NOME DO SEU HOMENAGEADO E, COM A AJUDA DO PROFESSOR, COLE UMA FOTO SUA.

DEPOIS, ENTREGUE ESSA LEMBRANÇA A ELE!

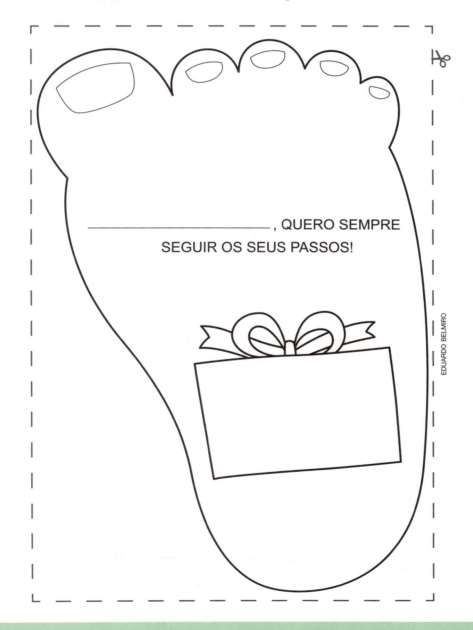

_____, QUERO SEMPRE SEGUIR OS SEUS PASSOS!

EDUARDO BELMIRO

DATAS COMEMORATIVAS

DIA DAS MÃES – 2º DOMINGO DE MAIO

HOMENAGEIE ESSA PESSOA QUE É TÃO IMPORTANTE NA SUA VIDA!

USANDO TINTA GUACHE E A MÃO COMO CARIMBO, FAÇA UMA FLOR. DEPOIS, PINTE O CARTÃO PARA ENTREGÁ-LO À SUA HOMENAGEADA!

ENCARTE DA PÁGINA 79 – 13ª VIVÊNCIA – OS SERES HUMANOS E OS ANIMAIS

ENCARTE DA PÁGINA 76 – 12ª VIVÊNCIA – O SER HUMANO É ESPECIAL

ENCARTE DA PÁGINA 44 – 7ª VIVÊNCIA – REGRAS DE CONVIVÊNCIA

PÁGINAS AZUIS

BEM-VINDO ÀS **PÁGINAS AZUIS**! AQUI VOCÊ ENCONTRARÁ OS ENCARTES CORRESPONDENTES ÀS ATIVIDADES DAS VIVÊNCIAS ESTUDADAS.

ENCARTE DA PÁGINA 16 — 2ª VIVÊNCIA — AS PRIMEIRAS REGRAS

ILUSTRAÇÕES: REINALDO ROSA